München

Wien

felsee

Attersee   Traunsee

Salzburg

Innsbruck

Wörthersee

Faaker See

Bolzano

Venezia

G000130505

# SWISS
## AND ALPINE
# ISLANDS
BY FARHAD VLADI

AERIAL PHOTOS: FARHAD VLADI
GROUND SHOTS: DAVID BURNS
TEXT: MARTINA MATTHIESEN

**teNeues**

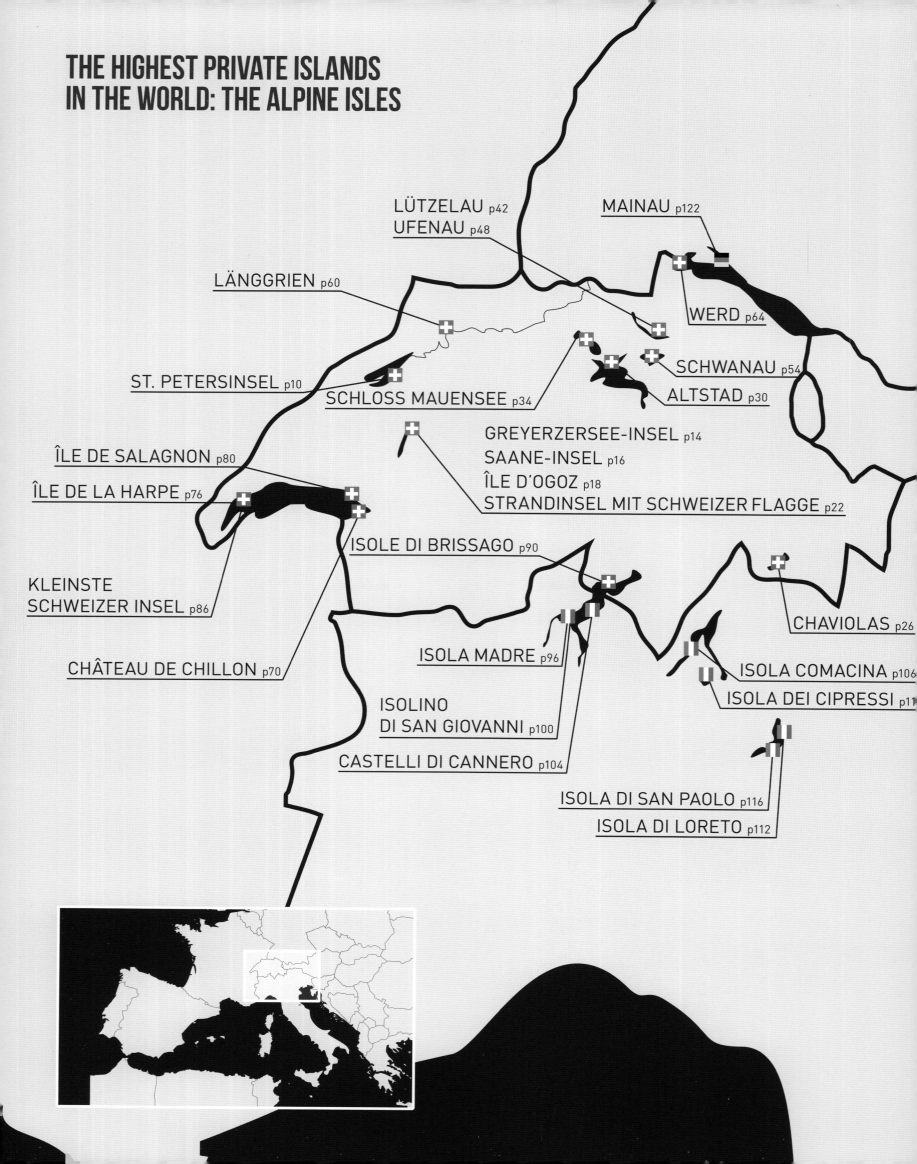

# THE HIGHEST PRIVATE ISLANDS
# IN THE WORLD: THE ALPINE ISLES

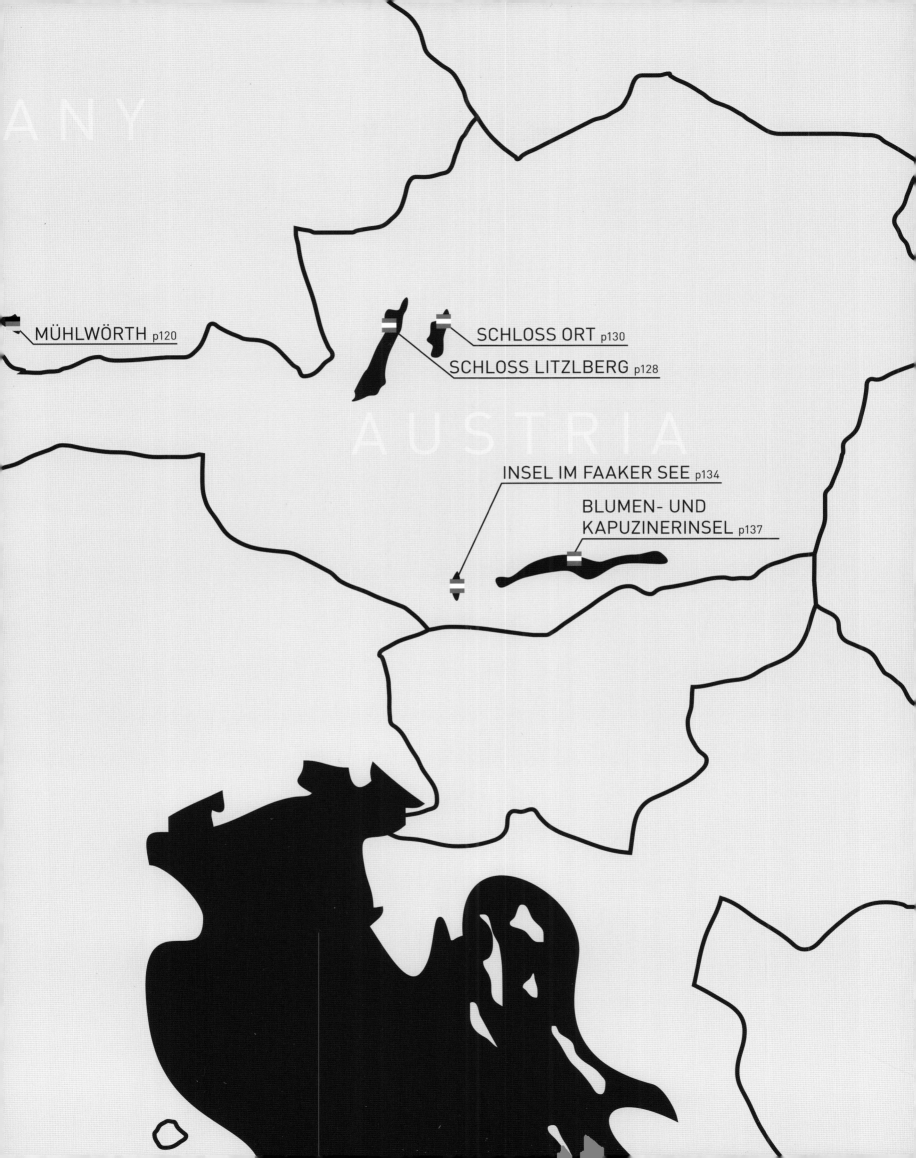

ANY

AUSTRIA

Wenn Inseln sprechen könnten – die Erzählungen der Schweizer Inseln würden uns lebhaft unterhalten. Sie würden von ihrer dramatischen Geburt aus Gletschern und Bergstürzen berichten, von rauen Besatzern vergangener und liebevollen Besitzern unserer Tage und von ihrer Vollendung durch Menschenhand, mit prächtigen Gärten und allerlei Wohnsitzen: Einsiedlerhäuschen, Klöster und pittoreske Schlösschen prägen den Charakter der Eilande in den Alpenländern.

Die Schweizer und die übrigen alpinen Inseln sind die Kostbarkeiten auf dem Inselmarkt: Sie bieten eine schier unendliche Fülle an Historie. Ihre Lage inmitten der vielfältigen und über Jahrtausende gewachsenen Kultur Europas zeichnet sie aus; die europäischen Nachbarn mit all ihrer kulturellen Vielfalt sind nah genug für eine Tagesreise. Und in unmittelbarer Umgebung der Inseln sind in wenigen Bootsminuten Städte mit ihrem modernen Leben, Museen, Konzertsälen und architektonischen Sehenswürdigkeiten zu erreichen. Ebenso der Arbeitsplatz: Manch ein alpiner Inselbesitzer pendelt morgens per Boot oder Auto über einen kleinen Damm zu seiner Wirkungsstätte.
Die meist geschützte Lage der Inseln zwischen Bergen in einem See sowie das milde Klima schenken den Inseln eine üppige, teils subtropische Vegetation. Und welcher Inselbewohner sonst auf der Welt kann am Vormittag Ski fahren und sich am Nachmittag, zurück in seinem kleinen Reich, mitten im ruhigen Seegewässer erholen?

Vor allem aber halten die Inseln der Alpen meiner in 40 Jahren im Inselgeschäft gewachsenen „Checkliste für Inselkäufer" stand.
Die wichtigsten Punkte darauf sind das ausgeglichene Klima, ein uneingeschränktes und unbelastetes Eigentumsrecht, politische Stabilität im Lande und die Erreichbarkeit medizinischer Einrichtungen innerhalb von 90 Minuten.

Der von einigen Klimaforschern – begründet oder nicht – befürchtete weltweite Meeresspiegelanstieg wird den Schweizer Inseleignern nicht den Schlaf rauben: Die Lage ihrer Eilande in einer Höhe von mehreren hundert Metern über dem Meer garantiert geruhsame Nächte.
Dies betrifft auch die übrigen alpinen Inseln: Wir schauen in diesem Band über die Grenzen der Schweiz hinaus, in die benachbarten Alpenländer Österreich, Italien und Deutschland. In all diesen Ländern zeigen sich See- und Flussinseln in ihrer schönsten Form.

Ich wünsche allen Inselliebhabern viel Freude beim Schmökern in diesem Buch.

Herzlichst

Farhad Vladi

If only they could talk, the stories told by Swiss islands would provide us with lively entertainment. They would describe their dramatic birth from glaciers and landslides, recount harrowing tales of occupation, and sing the praises of their modern-day owners. And they might go on to talk about how individuals made them complete by creating magnificent gardens and building residences of all types: Alpine islands are dotted with cottages, monasteries, and small picturesque castles.

The islands in Switzerland and in the other alpine countries are a valuable commodity on the island market, offering a seemingly endless wealth of history. Their location amid a diverse European culture that has developed over thousands of years is what makes them unique. With all their cultural diversity, European neighbors are close enough for a day trip. And in the immediate vicinity of the islands, just a few minutes away by boat, are cities filled with modern life, museums, concert halls, and architectural landmarks. The same holds true for jobs: In the mornings, many alpine island owners regularly commute by boat or car via a small causeway to reach their workplace.
These islands usually enjoy a protected setting in a lake tucked between mountains as well as a mild climate, which is why they feature lush and sometimes even subtropical vegetation. And where else in the world can island residents go skiing in the morning and then return to their slice of paradise in the afternoon to relax, surrounded by tranquil waters?

Above all else, these alpine islands have met my "checklist for island buyers"
which I have developed during my 40 years in the island business.
The most important points are a temperate climate, full and complete ownership, political stability in the respective country, and the ability to reach medical facilities within 90 minutes.

The owners of these Swiss islands don't need to worry about the global rise in sea levels feared by some climate researchers: Their location hundreds of feet above sea level guarantees them a peaceful night's sleep.
The same holds true for the other alpine islands: In this volume, we look beyond the borders of Switzerland to the neighboring alpine countries of Austria, Italy, and Germany. All these countries feature stunningly beautiful islands located in rivers and lakes.

I hope that everyone who loves islands will enjoy browsing through this book.

Sincerely,

Farhad Vladi

Si les îles suisses pouvaient nous raconter leur histoire, leur récit serait passionnant. Elles nous parleraient des conditions dramatiques de leur naissance entre fontes de glaciers et gigantesques éboulements, de la rudesse de leurs premiers occupants, mais aussi du raffinement de leurs plus récents propriétaires qui ont su parfaire ces modestes espaces en y faisant aménager de sompteux jardins et édifier toutes sortes de demeures : des cabanes d'ermite, des monastères, ainsi que des petits châteaux pittoresques qui soulignent le caractère indéniable de ces petits coins de paradis alpins.

Sur le marché des îles, celles de Suisse et des autres pays alpins font figure de pierres précieuses. Outre les innombrables histoires dont elles ont été le théâtre, elles reflètent toute la richesse et la diversité du patrimoine culturel européen hérité de leur situation géographique au cœur du continent. La proximité des îles à la plupart des pays européens permet sans problème d'entreprendre une excursion d'une journée sur la terre ferme. De plus, elles se situent souvent à proximité des villes – à quelques minutes de bateau à peine, lesquelles ne demandent qu'à offrir leur vie moderne, leurs musées, leurs salles de concert et leurs monuments. Parfois, le lieu de travail n'est lui-même qu'à quelques bordées : un certain propriétaire fait même la navette en bateau, ou en voiture par une petite digue, entre son île et son travail.
La protection des montagnes qui entourent les lacs, ainsi que la douceur du climat offrent souvent aux îles les conditions idéales pour le développement d'une végétation luxuriante, parfois même subtropicale. Où d'autre sinon dans son île, un propriétaire peut-il se targuer d'avoir skié toute la matinée, avant se retirer l'après-midi au sein d'eaux paisibles ?

Après 40 ans d'activité sur ce marché, j'ai rassemblé les attentes des acheteurs d'îles en un classement que j'appelle « check-list for island buyers ». Les îles des Alpes maintiennent le rang sont en tête de liste car elles regroupent les points importants de cette dernière : un climat tempéré, un droit de la propriété absolument sans restriction, la stabilité politique des pays et l'accessibilité aux établissements médicaux en moins de 90 minutes.

La montée du niveau des océans annoncée par une partie de la communauté scientifique – que ce soit à tort ou à raison – n'angoisse pas vraiment les insulaires suisses : la situation de ces îles à plusieurs centaines de mètres au-dessus du niveau de la mer permet à leurs habitants de dormir paisiblement.

Le présent ouvrage s'intéresse à toutes les îles alpines. Il nous permet de dépasser les frontières de la Suisse et de visiter ses pays voisins que sont l'Autriche, l'Italie et l'Allemagne, pour découvrir quelques-unes des plus belles îles fluviales et lacustres.

Pour tous ceux que la vie insulaire fait rêver, je vous invite à vous plonger dans les pages de ce livre et vous souhaite beaucoup de plaisir à la lecture.

Affectueusement

Farhad Vladi

Se le isole potessero parlare... quelle della Svizzera ci racconterebbero storie incredibilmente avvincenti. Ci narrerebbero della loro drammatica origine legata a ghiacciai e frane, di crudeli occupanti del passato e amorevoli proprietari di oggi e del loro completamento per mano dell'uomo, che le ha arricchite con giardini sontuosi e residenze di ogni genere: piccoli eremi, monasteri e pittoreschi castelletti dettano il carattere delle isole nei paesi delle Alpi.

Le isole della Svizzera e degli altri paesi alpini sono le chicche del mercato insulare, forti di un patrimonio storico praticamente sconfinato. La loro posizione nel cuore del variegato e millenario panorama culturale europeo è il loro tratto distintivo: basta una gita in giornata per raggiungere gli Stati europei limitrofi e immergersi nella loro sinfonia culturale. Rimanendo invece nelle immediate vicinanze delle isole, con pochi minuti di barca si raggiungono città caratterizzate da uno stile di vita moderno, con
i loro musei, le sale da concerto e le attrattive di carattere architettonico. Altrettanto si dica per il luogo d'impiego della gente: non sono pochi i proprietari di isole alpine che per recarsi sul posto di lavoro si spostano ogni mattina con la barca o in auto attraversando una piccola diga.
La posizione per lo più protetta di queste isole, incastonate tra le montagne e circondate dalle acque di un lago, insieme al clima mite di cui godono, donano a questi lembi di terra una vegetazione rigogliosa, a volte quasi subtropicale. E quale altro isolano al mondo ha il privilegio di sciare la mattina e rilassarsi il pomeriggio nel suo piccolo regno, tra le placide acque di un lago?

Più di ogni altra cosa, però, le isole delle Alpi rientrano a pieno titolo nella mia "checklist per acquirenti di isole", stilata nel corso di 40 anni di attività nel settore. I requisiti principali secondo questa lista sono il clima temperato, un diritto di proprietà esente da vincoli e impegni, la stabilità politica sul territorio e la possibilità di raggiungere strutture sanitarie nel giro di 90 minuti.

L'innalzamento del livello del mare temuto – per ragioni più o meno fondate – dai climatologi di tutto il mondo non turberà il sonno dei proprietari delle isole svizzere: la posizione delle loro terre a diverse centinaia di metri sul livello del mare garantisce loro notti tranquille.

Ciò vale anche per tutte le altre isole alpine: in questo volume passeremo dalla Svizzera ai vicini paesi alpini rappresentati da Austria, Italia e Germania. In tutti questi paesi le isole dei laghi e dei fiumi si presentano nella migliore delle loro vesti.


A tutti gli appassionati del mondo insulare auguro momenti di vera gioia nello sfogliare le pagine di questo libro.

Cordialmente,

Farhad Vladi

# TABLE OF CONTENTS

# ST. PETERSINSEL

47°4'14.56"N · 7°8'32.01"E

KANTON BERN, BIELER SEE
HÖHE ÜBER NN: 431 M

CANTON OF BERN, LAKE BIEL
HEIGHT ABOVE SEA LEVEL: 1,414 FT

CANTON DE BERNE, LAC DE BIENNE
ALTITUDE : 431 M

CANTON BERNA, LAGO DI BIENNE
ALTEZZA S.L.M.: 431 M

„Nirgends fühlte ich mich so wahrhaft glücklich wie auf der St. Petersinsel."
So schwärmte der Schweizer Philosoph und Dichter Jean-Jacques Rousseau
über seinen Aufenthalt im September und Oktober 1765. Er zog etliche
Verehrer nach – Maler und Schriftsteller, Theologen und Wissenschaftler –
und die St. Petersinsel wurde berühmt als Ort der Kultur. Der Inselname
ehrt den Apostel Petrus, Hauptpatron der Cluniazenser-Mönche, die im
Mittelalter das Eiland bewohnten.

"Nowhere have I felt so truly happy as on St. Peter's Island," was how
Swiss philosopher and poet Jean-Jacques Rousseau described his
stay in September and October of 1765. Many other admirers of the
island followed in his footsteps—painters and writers, theologians and
scientists—and St. Peter's Island became famous as a cultural site. The
island's name pays homage to the apostle Peter, the main patron of the
monks of the Cluniac order who lived on the island in the Middle Ages.

« De toutes les habitations où j'ai demeuré, aucune ne m'a rendu si
véritablement heureux que l'île Saint-Pierre », déclare tout en s'extasiant
le philosophe et poète suisse Jean-Jacques Rousseau, lorsqu'il dépeint
son lieu de résidence où il séjourna en septembre et en octobre 1765. L'île
de Saint-Pierre a attiré bon nombre d'admirateurs – peintres et écrivains,
théologiens et scientifiques – et est devenue un lieu culturel de renom.
Le nom de l'île doit son appellation à l'apôtre Pierre, principal patron des
moines de l'ordre de Cluny, qui avait élu domicile sur l'île au Moyen Âge.

"Considero quei due mesi il periodo più felice della mia vita": così il
filosofo e poeta svizzero Jean-Jacques Rousseau decantava i mesi di
settembre e ottobre 1765 trascorsi sull'Isola di San Pietro. L'entusiasmo
di Rousseau contagiò molti posteri – pittori, scrittori, teologi e scienziati
– e l'Isola di San Pietro divenne presto famosa come luogo di cultura.
Il nome dell'isola onora l'apostolo Pietro, primo patrono dei monaci
cluniacensi, che vissero sull'isola in epoca medievale.

# GREYERZER-SEE-INSEL

46°40'55.56"N · 7°5'43.40"E

KANTON FREIBURG, GREYERZERSEE
HÖHE ÜBER NN: 676 M

CANTON OF FRIBOURG, LAKE GRUYÈRE
HEIGHT ABOVE SEA LEVEL: 2,217 FT

CANTON DE FRIBOURG, LAC DE LA GRUYÈRE
ALTITUDE : 676 M

CANTON FRIBURGO, LAGO DELLA GRUYÈRE
ALTEZZA S.L.M.: 676 M

Auch die größte der drei Sandbankinseln um die Île d'Ogoz versinkt bei
Wasserhochstand bis zu ihren Baumwipfeln im Stausee Greyerzersee,
der mit 13,5 Kilometern Länge der längste Speichersee der Schweiz ist.
Im Jahre 1948 wurde der See nach der Fertigstellung der Staumauer
Rossens geflutet.

Even the largest of the three sandbar islands surrounding Ogoz Island
is covered to the tips of its trees when the water level is high in Lake
Gruyère. At 8.5 miles in length, it is the longest reservoir in Switzerland.
The lake was filled after Rossens Dam was completed in 1948.

La plus grande des trois îles de bancs de sable autour de l'île d'Ogoz
plonge jusqu'à la cime de ses arbres dans les profondeurs du lac de
la Gruyère, lorsque ses eaux montent. Le lac représente avec ses
13,5 kilomètres le lac de barrage le plus long de Suisse. Le lac fut
immergé en 1948 à la fin de la construction du barrage de Rossens.

Quando il livello dell'acqua è alto, anche la più grande delle tre isole
formate da banchi di sabbia che circondano l'Isola d'Ogoz nel Lago della
Gruyère viene sommersa fino alle punte degli alberi: estendendosi per
13,5 chilometri, questo è il lago artificiale più lungo di tutta la Svizzera.
Il lago è stato creato nel 1948 in seguito alla costruzione della diga di
sbarramento di Rossens.

# SAANE-INSEL

46°41'45.93"N · 7° 5'50.04"E

KANTON FREIBURG, GREYERZERSEE
HÖHE ÜBER NN: 676 M

CANTON OF FRIBOURG, LAKE GRUYÈRE
HEIGHT ABOVE SEA LEVEL: 2,217 FT

CANTON DE FRIBOURG, LAC DE LA GRUYÈRE
ALTITUDE : 676 M

CANTON FRIBURGO, LAGO DELLA GRUYÈRE
ALTEZZA S.L.M.: 676 M

Nicht jede Insel zeigt sich immer: Die kleine Saane-Insel, Nachbarinsel der Île d'Ogoz, versteckt sich bei hohem Wasserstand des Stausees in den Fluten und gibt nur ihre Baumwipfel preis. Bei niedrigem Stand des Wassers ist sie gnädig und lädt Besucher zum Picknick oder Camping ein.

Not every island is always apparent: Saane Island, a small neighboring island to Ogoz, is concealed when the reservoir's water level is high, revealing only the tips of its trees. When the water level is lower, it is an inviting spot for visitors to camp or enjoy a picnic.

Chaque île n'est pas toujours visible : la petite île de Sarine, voisine de l'île d'Ogoz, est engloutie lors des hautes eaux du lac et ne dévoile que la cime de ses arbres. Lors des basses eaux, l'île se montre clémente et invite les visiteurs à pique-niquer ou à camper.

Non tutte le isole si manifestano palesemente: quando il livello dell'acqua del lago artificiale è alto, l'Isola del Saane, situata accanto all'Isola d'Ogoz, scompare alla vista mostrando solo le punte degli alberi. Con l'acqua bassa si dimostra più indulgente, invitando i visitatori a godersi un picnic o a campeggiare sul suo suolo.

# ÎLE D'OGOZ

46°41'53.69"N · 7°6'1.65"E

KANTON FREIBURG, GREYERZERSEE
HÖHE ÜBER NN: 676 M

CANTON OF FRIBOURG, LAKE GRUYÈRE
HEIGHT ABOVE SEA LEVEL: 2,217 FT

CANTON DE FRIBOURG, LAC DE LA GRUYÈRE
ALTITUDE : 676 M

CANTON FRIBURGO, LAGO DELLA GRUYÈRE
ALTEZZA S.L.M.: 676 M

Das verwunschene, winzige Eiland liegt im Greyerzersee. Bei niedrigem Wasserstand wird die Île d'Ogoz allerdings zur Halbinsel: Dann erreicht man sie zu Fuß über einen kleinen Damm. Die restaurierte Kapelle und die Burgruine aus dem 13. Jahrhundert sind ein beliebtes Ziel für Spaziergänger. Hochzeitspaare wählen die romantische Kulisse gerne, um sich hier das Ja-Wort zu geben.

This tiny, enchanted island is located in Lake Gruyère. When the water level drops, Ogoz Island becomes a peninsula, and visitors can reach it on foot via a small causeway. The restored chapel and the castle ruin dating back to the 13th century are a popular destination for a walk. This romantic backdrop is also a favorite location for weddings.

Cette minuscule île enchantée est située sur le lac de la Gruyère. Lorsque le niveau de l'eau descend, l'île d'Ogoz prend la forme d'une presqu'île qui est accessible à pied par une petite digue. La chapelle restaurée et les ruines d'une forteresse datant du XIIIe siècle constituent un but de promenade apprécié. Le lieu est également très prisé des couples de jeunes mariés comme cadre idyllique pour la légalisation de leur union.

Questo minuscolo isolotto incantato si trova nel Lago della Gruyère. Quando il livello dell'acqua è basso, l'Isola d'Ogoz diventa una penisola ed è raggiungibile a piedi attraverso un piccolo argine. La cappella ristrutturata e le rovine del forte duecentesco rappresentano un'amata meta per i passeggiatori, un romantico scenario che molte coppie di sposi scelgono per dire "Sì".

# STRANDINSEL MIT SCHWEIZER FLAGGE

46°41'43.15"N · 7°6'8.66"E

KANTON FREIBURG, GREYERZERSEE
HÖHE ÜBER NN: 676 M

CANTON OF FRIBOURG, LAKE GRUYÈRE
HEIGHT ABOVE SEA LEVEL: 2,217 FT

CANTON DE FRIBOURG, LAC DE LA GRUYÈRE
ALTITUDE : 676 M

CANTON FRIBURGO, LAGO DELLA GRUYÈRE
ALTEZZA S.L.M.: 676 M

Im Hochsommer ist der Wasserstand des Greyerzersees so niedrig, dass sich selbst kleinste Sandbänke als Inselchen zeigen – zum Stolz der Kapitäne auf dem Greyerzersee, die ihre Liebe zur Schweiz mit einer Flagge bekunden.

In midsummer, the water level of Lake Gruyère is so low that even the smallest of sand banks are revealed as tiny islands. The captains on Lake Gruyère mark these spots with Swiss flags to show how much they love their country.

Au cœur de l'été, le niveau de l'eau du lac de la Gruyère est tellement bas que même les plus petits bancs de sable forment des îlots – sur lesquels les capitaines naviguant sur le lac de la Gruyère plantent des drapeaux suisses par amour de leur mère patrie.

In piena estate il livello dell'acqua del Lago della Gruyère è cosi basso che anche i più piccoli banchi di sabbia si trasformano in isolette – dove i capitani delle barche issano orgogliosi bandiere svizzere a dimostrazione del proprio amore per la madrepatria.

# CHAVIOLAS

46°25'16.87"N · 9°44'46.26"E

KANTON GRAUBÜNDEN, SILSERSEE
HÖHE ÜBER NN: 1 809 M

CANTON OF GRAUBÜNDEN, LAKE SILS
HEIGHT ABOVE SEA LEVEL: 5,935 FT

CANTON DES GRISONS, LAC DE SILS
ALTITUDE : 1 809 M

CANTONE DEI GRIGIONI, LAGO DI SILS
ALTEZZA S.L.M.: 1 809 M

Wohl nur die Hochgebirgslandschaft des Oberengadins vermag so verwunschene Inseln wie Chaviolas zu zaubern. 1809 Meter liegt sie über dem Meeresspiegel und zwölf Meter über dem Seewasserspiegel – damit zählt sie zu den höchstgelegenen Inseln der Schweiz. Den klaren Silsersee mit seinem gewaltigen Panorama der Bernina-Alpen wusste auch der Philosoph Friedrich Nietzsche als inspirierende Sommerresidenz zu schätzen. Sieben Sommer verbrachte er im benachbarten Sils Maria.

It's quite possible that only the mountain scenery of the Upper Engadin can conjure up an enchanted island like Chaviolas. Located 5,935 feet above sea level and 40 feet above the lake's water level, it is considered one of the highest-altitude islands in Switzerland. Philosopher Friedrich Nietzsche valued the clear water of Lake Sils with its magnificent panorama of the Bernina Range as an inspiring summer residence. He spent seven summers in the neighboring village of Sils Maria.

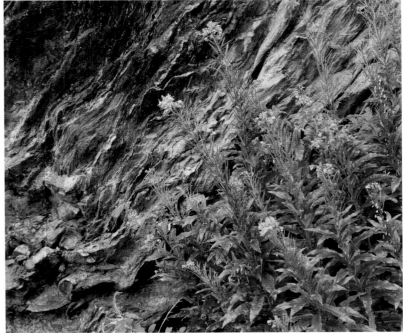

Ce n'est que dans les paysages de hautes montagnes de Haute-Engadine que l'on peut rencontrer des îles enchantées comme celle de Chaviolas. Elle culmine à 1809 mètres au-dessus du niveau de la mer et à douze mètres au-dessus du lac. Elle compte ainsi parmi les plus hautes îles de Suisse. Aux pieds de la chaîne de la Bernina, les eaux claires du lac de Sils constituent un repère d'inspiration que le philosophe Friedrich Nietzsche ne cessait d'apprécier durant ses résidences d'été. Pendant sept années, il passa ses étés dans le petit village voisin de Sils Maria.

Il paesaggio d'alta montagna dell'Alta Engadina è probabilmente l'unica cornice in cui possono inserirsi quasi per magia isole incantevoli come quella di Chaviolas. L'isola, che si trova 1809 metri sopra il livello del mare e dodici metri sopra quello del lago, è tra le più elevate di tutta la Svizzera. Anche per il filosofo Friedrich Nietzsche il lago limpido di Sils, con il suo maestoso panorama delle Alpi del Bernina, fu fonte d'ispirazione durante le sette estati che egli trascorse nella vicina cittadina di Sils Maria.

# ALTSTAD

47°1'56.96"N · 8°21'46.08"E

KANTON LUZERN, VIERWALDSTÄTTERSEE
HÖHE ÜBER NN: 437 M

CANTON OF LUCERNE, LAKE LUCERNE
HEIGHT ABOVE SEA LEVEL: 1,433 FT

CANTON DE LUCERNE, LAC DES QUATRE-CANTONS
ALTITUDE : 437 M

CANTON LUCERNA, LAGO DEI QUATTRO CANTONI
ALTEZZA S.L.M.: 437 M

Im frühen 13. Jahrhundert stand eine Burg auf Altstad – damals war das Inselchen noch eine in den See ragende Felszunge. Die Habsburger Herrschaft kontrollierte von hier die Region. Um 1240 zerstörten die Luzerner die Burg, um sich der Habsburger zu entledigen. Altstad, mit seiner malerischen Lage unterhalb der Schlossresidenz Meggenhorn, ist heute im Privatbesitz eines Bürgers der Gemeinde Meggen.

In the early 13th century, a castle stood on Altstad—back then, this small island was still a rocky promontory jutting out into the lake. From here, the Hapsburgs controlled the region. Around the year 1240, people from Lucerne destroyed the castle to rid themselves of the Hapsburgs. Altstad, with its picturesque location below Meggenhorn Castle, is now in private hands and belongs to a resident from the community of Meggen.

Au début du XIIIᵉ siècle se dressait un château fort sur cet éperon rocheux qu'était la petite île d'Altstad. Les Habsbourg s'y étaient installés pour contrôler la région. Les Lucernois détruisirent le château vers 1240 pour se débarrasser de leur règne. Situé au sein d'un paysage pittoresque en aval de la résidence du château de Meggenhorn, Altstad est à l'heure actuelle la propriété privée d'un citoyen de la municipalité de Meggen.

All'inizio del XIII secolo su Altstad – allora l'isoletta era ancora una lingua di terra rocciosa che si protendeva verso il lago – sorgeva un castello, dal quale gli Asburgo controllavano la regione: verso il 1240 gli abitanti di Lucerna lo distrussero per liberarsi dal giogo asburgico. Oggi Altstad, con la sua posizione pittoresca al di sotto del signorile castello di Meggenhorn, è proprietà privata di un cittadino del comune di Meggen.

# SCHLOSS MAUENSEE

47°10'9.11"N · 8°4'26.51"E

KANTON LUZERN, MAUENSEE
HÖHE ÜBER NN: 505 M

CANTON OF LUCERNE, LAKE MAUENSEE
HEIGHT ABOVE SEA LEVEL: 1,656 FT

CANTON DE LUCERNE, LAC DE MAUENSEE
ALTITUDE : 505 M

CANTON LUCERNA, LAGO DI MAUENSEE
ALTEZZA S.L.M.: 505 M

Das wunderschöne Schloss Mauensee ist ein erfüllter Traum: Der Eigentümer, ein Luzerner Wirtschaftsdiplomat und Kunstmäzen, lernte es kennen, als er als junger Offizier der Schweizer Armee während einer Übung die Insel stürmte. Seither träumte er vom Leben auf Mauensee. Viele Jahre später, 1998, bezog er mit seiner Frau das liebevoll restaurierte Anwesen. Schon 1184 wurde Schloss Mauensee erstmals urkundlich erwähnt: als „Moginsee" im Güterverzeichnis des Benediktinerklosters Engelberg.

Beautiful Mauensee Castle is a dream come true: The owner, a Lucerne economic diplomat and patron of the arts, became familiar with it when he stormed the island as a young Swiss Army officer during a training exercise. Afterwards, he dreamed of a life on Mauensee. Many years later, in 1998, he and his wife moved into the beautifully restored estate. In 1184, Mauensee Castle was first mentioned as "Moginsee" in the directory of goods for the Benedictine monastery of Engelberg.

Le magnifique château de Mauensee est un rêve devenu réalité pour son propriétaire, un diplomate en charge des affaires économiques et mécène lucernois. Celui-ci découvrit le château lorsqu'il était encore jeune officier de l'armée suisse en exercice sur l'île. Depuis ce temps, il rêvait de s'y installer. Ce qu'il fit des années plus tard, en élisant domicile en 1998 avec sa femme dans cette propriété qu'il fit restaurer avec passion. En 1184, le château de Mauensee était déjà répertorié sous le nom de « Moginsee » dans le registre des propriétés du monastère bénédictin d'Engelberg.

Il bellissimo castello di Mauensee è un sogno divenuto realtà: il proprietario, un agente diplomatico per l'economia e mecenate di Lucerna, lo vide per la prima volta durante un'esercitazione militare in cui prese d'assalto l'isola da giovane ufficiale dell'esercito svizzero. Da allora sognò di vivere a Mauensee e molti anni dopo, nel 1998, si trasferì con la moglie nella signorile dimora, amorevolmente ristrutturata. La prima documentazione che attesta l'esistenza del castello di Mauensee risale al lontano 1184, quando comparve come "Moginsee" nel registro dei beni dell'abbazia benedettina di Engelberg.

# LÜTZELAU

47°13'15.47"N · 8°47'33.73"E

KANTON SCHWYZ, ZÜRICHSEE
HÖHE ÜBER NN: 406 M

CANTON OF SCHWYZ, LAKE ZURICH
HEIGHT ABOVE SEA LEVEL: 1,332 FT

CANTON DE SCHWYZ, LAC DE ZURICH
ALTITUDE : 406 M

CANTON SVITTO, LAGO DI ZURIGO
ALTEZZA S.L.M.: 406 M

Als sich der Linthgletscher vor rund 10 000 Jahren zurückzog, bildeten sich der Zürichsee und damit auch das idyllische Inselchen Lützelau. Der Name bedeutet auf althochdeutsch „kleine Insel", und tatsächlich beträgt die Fläche von Lützelau nur etwa 3,4 Hektar. Im 8. Jahrhundert lebten hier Nonnen in einem kleinen Frauenkloster, danach gehörte die Insel über Jahrhunderte den Grafen von Rapperswil. Heute darf man auf Lützelau während der Sommermonate campen – mitten in einem Naturschutzgebiet.

When the Linth glacier retreated about 10,000 years ago, Lake Zurich formed along with the small idyllic isle of Lützelau. In Old High German, the name means "small island," and indeed, the area of Lützelau comes to just under 8.5 acres. In the 8th century, nuns lived here in a small convent. For centuries the island belonged to the counts of Rapperswil. Today you can camp on Lützelau during the summer months—in the middle of a nature reserve.

Le recul du glacier de Linth, il y a environ 10 000 ans, provoqua la formation du lac de Zurich et de la petite île idyllique de Lützelau. Le nom signifie en vieil allemand « petite île » et s'étend véritablement sur une surface de seulement 3,4 hectares. Au VIIIe siècle y vivaient des nonnes dans un petit couvent, avant que l'île n'appartienne pendant plusieurs siècles aux comtes de Rapperswil. De nos jours, le site de Lützelau – situé au milieu d'une réserve naturelle – accueille des campeurs en été.

10 000 anni fa, con il ritiro del ghiacciaio della Linth, si formò il Lago di Zurigo e con esso l'idillica isoletta di Lützelau. In alto tedesco antico il nome significa "piccola isola" ed effettivamente Lützelau ha una superficie di appena 3,4 ettari. Nell'VIII secolo l'isola ospitava un piccolo convento di suore, poi fu per secoli proprietà dei conti di Rapperswil. Oggi, nei mesi estivi, a Lützelau è possibile campeggiare nel bel mezzo di una riserva naturale.

# UFENAU

47°13'3.28"N · 8°46'47.61"E

KANTON SCHWYZ, ZÜRICHSEE
HÖHE ÜBER NN: 406 M

CANTON OF SCHWYZ, LAKE ZURICH
HEIGHT ABOVE SEA LEVEL: 1,332 FT

CANTON DE SCHWYZ, LAC DE ZURICH
ALTITUDE : 406 M

CANTON SVITTO, LAGO DI ZURIGO
ALTEZZA S.L.M.: 406 M

Bereits die Helvetier nutzten die Ufenau, wenn sich ihre Volksstämme im 2. Jahrhundert am Zürichsee zu Versammlungen trafen. Eine erste christliche Kirche wurde vermutlich um 500 auf Ufenau errichtet, später die romanische Kapelle St. Martin und im Jahr 1141 die Kirche St. Peter und Paul, die mit Schätzen wie dem Barocksarkophag eines Heiligen aufwartet, mit spätgotischen Holzstatuen und Wandmalereien. Eigentümer der Ufenau ist das Kloster Einsiedeln. Seit 1927 steht die grüne Insel übrigens unter Naturschutz – der seltene Große Brachvogel hat sich wieder angesiedelt.

The Helvetii used Ufenau when their tribes met for gatherings at Lake Zurich in the 2nd century. The first Christian church is believed to have been built on Ufenau around 500 A.D. It was later followed by the Romanesque chapel of St. Martin and, in the year 1141, the church of St. Peter and Paul, which contains such treasures as the Baroque sarcophagus of a saint, late Gothic wooden statues, and murals. The owner of Ufenau is the monastery of Einsiedeln. The green island has been protected since 1927—and the rare Eurasian Curlew has once again returned to its shores.

L'île d'Ufenau constituait déjà au IIe siècle un lieu de rassemblement des Helvètes au bord du lac de Zurich. Une première église catholique a été vraisemblablement construite sur Ufenau vers 500 ; s'en suivi la construction de la chapelle romaine de St-Martin et de l'église de St-Pierre et St-Paul en 1141, qui abrite diverses trésors tels que le sarcophage baroque d'un saint, des statues en bois datant de la fin de l'ère gothique et des fresques murales. Le monastère Einsiedeln est propriétaire de l'île d'Ufenau. Depuis 1927, l'île est une réserve naturelle protégée qui accueille à nouveau l'espèce rare qu'est le Courlis cendré.

Ufenau era utilizzata già nel II secolo dagli Elvezi, che qui organizzavano le riunioni tra le proprie tribù. La prima chiesa cristiana di Ufenau fu eretta presumibilmente attorno al 500, e ad essa seguirono la cappella romanica di San Martino e nel 1141 la chiesa dei Santi Pietro e Paolo, che affascina con tesori come un sarcofago in stile barocco di un santo, statue lignee in stile tardogotico e pitture murali. Ufenau appartiene all'abbazia di Einsiedeln. Dal 1927 l'isola, dove ha trovato nuovamente asilo il raro chiurlo maggiore, è territorio protetto.

# SCHWANAU

47°1'57.40"N · 8°35'52.07"E

KANTON SCHWYZ, LAUERZERSEE
HÖHE ÜBER NN: 450 M

CANTON OF SCHWYZ, LAKE LAUERZ
HEIGHT ABOVE SEA LEVEL: 1,475 FT

CANTON DE SCHWYZ, LAC DE LAUERZ
ALTITUDE : 450 M

CANTON SVITTO, LAGO DI LAUERZ
ALTEZZA S.L.M.: 450 M

Um die Felseninsel Schwanau ranken sich volkstümliche Sagen und eine wechselvolle Geschichte. Der Turm der mittelalterlichen Trutzburg hat die Herrschaft guter und böser Burgvogte ebenso überdauert wie die Flut nach dem dramatischen Bergsturz von Goldau im Jahre 1806. Heute erholen sich auf Schwanau Gäste im feinen Inselrestaurant – einem Urschweizer Inselbauernhaus – und lassen ihre Kinder in der kleinen St. Josefskapelle taufen.

Popular myths and a colorful history surround the rocky island of Schwanau. The tower of this medieval stronghold survived the rule of both good and evil reeves as it did the flood following the dramatic landslide of Goldau in 1806. Today, guests relax in the fine island restaurant—a genuine Swiss island farmhouse—and have their children baptized in the small St. Josef's chapel.

Des légendes populaires et une histoire mouvementée entourent l'île de Schwanau. La tour du fort médiéval a résisté à bien des baillis, de bons et mauvais augures, et a survécu au raz de marée provoqué par l'éboulement de Goldau en 1806. De nos jours, le restaurant gastronomique de l'île – situé dans une ancienne ferme suisse – accueille des invités venus se détendre et baptiser leurs enfants dans la chapelle St-Joseph.

L'isola rocciosa di Schwanau è al centro di varie saghe popolari e di una storia piena di vicissitudini. La torre della fortezza medievale è sopravvissuta al dominio di castellani buoni e cattivi, come pure all'ondata provocata nel 1806 dalla tragica frana di Goldau. Oggi i visitatori di Schwanau si godono momenti di relax nel raffinato ristorante dell'isola – un antico casale isolano svizzero – e fanno battezzare i propri figli nella piccola cappella di San Giuseppe.

# LÄNGGRIEN

47°11'40.92"N · 7°29'1.22"E

KANTON SOLOTHURN, FLUSS AARE
HÖHE ÜBER NN: 432 M

CANTON OF SOLOTHURN, RIVER AAR
HEIGHT ABOVE SEA LEVEL: 1,417 FT

CANTON DE SOLOTHURN, FLEUVE AAR
ALTITUDE : 432 M

CANTON SOLETTA, FIUME AAR
ALTEZZA S.L.M.: 432 M

Die stille Insel Länggrien ist seit fünf Generationen die Heimat und
Lebensgrundlage einer Schweizer Familie, die ihre gut zehn Hektar
Fläche landwirtschaftlich bewirtschaftet. Die Inselkinder fahren täglich
mit dem Boot über den Fluss Aare zur Schule. Von den Bewohnern
der Umgebung wird Länggrien liebevoll das „Inseli" genannt. „Grien"
steht für Kies, denn die augenförmige Insel ist eine über Jahrhunderte
angeschwemmte Kiesanhäufung.

For five generations, the quiet island of Länggrien has been the home
and livelihood of a Swiss family who farms almost 25 acres of land. Every
day, the island children take a boat across the Aar River to school. The
local population lovingly refers to Länggrien as the "Inseli," which means
"small island" in Swiss German. The "Grien" in the island's name means
gravel, because the eye-shaped island is an alluvial accumulation of
gravel that has formed over the centuries.

L'île paisible de Länggrien est le lieu d'origine et de subsistance d'une
famille suisse depuis cinq générations, qui exploite ses dix hectares de
surface agricole. Les enfants de l'île se rendent tous les jours à l'école
en traversant le fleuve Aar en bateau. Les habitants des alentours
appellent chaleureusement Länggrien « Inseli », qui signifie « îlot ». «
Grien » désigne les galets qui s'amassent sur cette île de forme oculaire
depuis plusieurs siècles.

La quieta isola di Länggrien funge da dimora e base dell'esistenza per
una famiglia svizzera che coltiva i suoi dieci ettari abbondanti di superficie
da cinque generazioni. Ogni mattina i bambini dell'isola attraversano
l'Aar in barca per andare a scuola. Länggrien è amorevolmente chiamata
dagli abitanti della zona "Inseli" ("isoletta"). "Grien" significa ghiaia:
l'isola, che ha la forma di un occhio, è infatti nata dall'ammassamento di
ghiaia trasportata dall'acqua nel corso dei secoli.

# WERD

47°39'19.34"N · 8°51'58.87"E

KANTON THURGAU, BODENSEE
HÖHE ÜBER NN: 398 M

CANTON OF THURGAU, LAKE CONSTANCE
HEIGHT ABOVE SEA LEVEL: 1,305 FT

CANTON DE THURGOVIE, LAC DE CONSTANCE
ALTITUDE : 398 M

CANTON TURGOVIA, LAGO DI COSTANZA
ALTEZZA S.L.M.: 398 M

Schon von weitem sieht man das strahlend weiße Franziskanerkloster durch das Laubwerk der Bäume schimmern; seit 1957 sind die Brüder des Ordens hier ansässig. Das Festland der Gemeinde Eschenz und das idyllische Inselchen sind über einen hundert Meter langen Holzsteg verbunden. An seiner Stelle stand einst eine imposante, sechs Meter breite Brücke, errichtet im Jahre 82 n. Chr. von den Römern. Die Reste ihrer mächtigen Pfähle stecken noch heute im Grund des Sees.

Even from afar, you can see the brilliant white Franciscan monastery through the foliage of the trees; the brothers of the order have resided here since 1957. A wooden walkway 330 feet in length connects the idyllic island to the community of Eschenz on the mainland. An impressive 20-foot-wide bridge once stood in its place, constructed by the Romans in the year 82 A.D. The relics of its mighty piles still remain on the bottom of the lake.

Ce monastère franciscain aux parois blanches étincelle déjà au loin à travers la ramée de ses arbres. Les frères de l'ordre y ont élu domicile depuis 1957. Cette petite île idyllique est reliée à la terre ferme, la commune d'Eschenz, par une passerelle d'une longueur de cent mètres, qui remplace l'imposant pont de pierre de l'époque, large de six mètres, construit en 82 de notre ère par les Romains. Les vestiges de ses pilots reposent encore aujourd'hui au fond du lac.

Il bianco folgorante del monastero dei francescani si vede risplendere tra le fronde degli alberi già da lontano; i frati di quest'ordine religioso risiedono qui dal 1957. La terraferma su cui sorge il comune di Eschenz e l'idillico isolotto sono collegati da una passerella di legno lunga cento metri. Al suo posto una volta c'era un maestoso ponte largo sei metri, eretto nell'82 d.C. dai Romani: tutt'oggi, sul fondo del lago, si trovano i resti dei suoi possenti pilastri.

# CHÂTEAU DE CHILLON

46°24'51.12"N · 6°55'39.14"E

KANTON WAADT, GENFER SEE
HÖHE ÜBER NN: 373 M

CANTON OF VAUD, LAKE GENEVA
HEIGHT ABOVE SEA LEVEL: 1,224 FT

CANTON DE VAUD, LAC LÉMAN
ALTITUDE : 373 M

CANTON VAUD, LAGO DI GINEVRA
ALTEZZA S.L.M.: 373 M

Die mittelalterliche Wasserburg Chillon ist eine Schweizer Kulturstätte und das am meisten besuchte historische Gebäude des Landes. 300 000 Gäste besichtigen jährlich die Wandmalereien aus dem 14. Jahrhundert und erkunden die unterirdischen Gewölbe. Fast 400 Jahre lang beherbergte das Schloss die Familien der Grafen von Savoyen, die es auch als Zollstation nutzten. Im 19. Jahrhundert durchgeführte Ausgrabungen ergaben, dass die Felseninsel schon während der Bronzezeit bewohnt war.

The medieval water castle of Chillon is a Swiss cultural site and the country's most frequently visited historical monument. Every year, 300,000 guests visit the 14th-century murals and explore the underground vaults. For almost 400 years, the castle was home to the counts of Savoy, who also used it as a customs station. Excavations conducted in the 19th century revealed that the rocky island was inhabited as early as in the Bronze Age.

Le château médiéval sur l'eau de Chillon est un centre culturel suisse et compte parmi les bâtiments historiques les plus visités du pays. Chaque année, 300 000 visiteurs viennent contempler les fresques du XIVe siècle et explorer la cave voûtée sous l'édifice. Le château hébergea pendant 400 ans la famille des comtes de Savoie, qui l'utilisaient également comme centre douanier. Les fouilles archéologiques menées au XIXe siècle ont démontré que l'île était déjà habitée à l'âge du bronze.

Il castello medievale di Chillon, tutto circondato dall'acqua, è un sito culturale svizzero nonché il più visitato edificio storico del paese. Ogni anno 300 000 visitatori ne ammirano le trecentesche pitture murali e ne esplorano le volte sotterranee. Per quasi quattro secoli il castello fu dimora dei conti di Savoia, che lo utilizzarono anche come dogana. Alcuni scavi effettuati nell'Ottocento dimostrarono che l'isolotto roccioso era già abitato nell'Età del bronzo.

# ÎLE DE LA HARPE

46°27'20.57"N · 6°20'22.12"E

KANTON WAADT, GENFER SEE
HÖHE ÜBER NN: 372 M

CANTON OF VAUD, LAKE GENEVA
HEIGHT ABOVE SEA LEVEL: 1,220 FT

CANTON DE VAUD, LAC LÉMAN
ALTITUDE : 372 M

CANTON VAUD, LAGO DI GINEVRA
ALTEZZA S.L.M.: 372 M

Ursprünglich war die Île de la Harpe nur eine flache Kiesbank. 1835 ließen sie die Kaufleute der Stadt Rolle zu einer Insel aufschütten, als Schutz der Hafenanlage von Rolle vor der Brandung. Ihren Namen trägt die Insel zu Ehren des während der Bauarbeiten verstorbenen Politikers Frédéric-César de la Harpe. Man verehrte ihn hier für seine Verdienste um die Unabhängigkeit des Kantons Waadt von der Berner Herrschaft.

The island of La Harpe was originally just a flat gravel bar. In 1835, the merchants of the city Rolle arranged to have it made into an island in order to protect Rolle's port facility from the surf. The island was named after Frédéric-César de la Harpe, a politician who died while the island was being constructed. He was honored for his efforts to secure the independence of the Canton of Vaud from Bernese rule.

L'île de la Harpe n'était à l'origine qu'un banc de gravier plat. Soucieux de préserver les infrastructures portuaires de la ville contre le déferlement, les commerçants de la ville de Rolle prirent l'initiative de la transformer en île en 1835. L'île doit son nom au défunt politicien Frédéric-César de la Harpe, décédé lors des travaux d'aménagement et vénéré pour son mérite dans son combat pour l'indépendance du canton de Vaud du règne bernois.

Originariamente l'Isola de la Harpe era solamente un piatto banco di ghiaia, ma nel 1835, per proteggere il porto della loro città dalla frangente, i commercianti di Rolle lo trasformarono in un isolotto con della terra da riporto. L'isola fu battezzata così in onore del politico Frédéric-César de la Harpe, che morì durante i lavori di costruzione. L'uomo era benvoluto per i suoi meriti acquisiti nell'appoggiare l'indipendenza del Canton Vaud dalla supremazia bernese.

# ÎLE DE SALAGNON

46°26'25.24"N · 6°52'59.11"E

KANTON WAADT, GENFER SEE
HÖHE ÜBER NN: 375 M

CANTON OF VAUD, LAKE GENEVA
HEIGHT ABOVE SEA LEVEL: 1,230 FT

CANTON DE VAUD, LAC LÉMAN
ALTITUDE : 375 M

CANTON VAUD, LAGO DI GINEVRA
ALTEZZA S.L.M.: 375 M

Salagnon war einst nur ein Felsen, der erst 1889 nach einer Landaufschüttung als Insel aus der Taufe gehoben wurde. Sie erhielt eine Umfassungsmauer und einen wunderschönen Baumbestand aus Platanen und Zedern. Die prächtige Villa auf Salagnon ließ der Pariser Porträtmaler Théobald Chartran im Jahre 1901 im florentinischen Stil errichten. Er und seine Erben beherbergten glamouröse Gäste aus Industrie, Politik und der Filmwelt, die sich der subtropischen Vegetation und der Abgeschiedenheit erfreuten. Heute ist die Insel in Privatbesitz einer Züricher Familie und dient als Sommersitz.

Salagnon was once just a rock and didn't become an island until 1889 when rubble from a tunnel construction project was deposited on and around it. A perimeter wall was constructed and plane and cedar trees were planted on the island. In 1901, Théobald Chartran, a portrait painter from Paris, had a magnificent Florentine style villa built on Salagnon. He and his heirs hosted glamorous guests from the worlds of industry, politics, and the movie industry, and all of their visitors relished the subtropical vegetation and seclusion. The island is now privately owned by a Zurich family and serves as a summer residence.

Salagnon était jadis un rocher et n'est devenu une île qu'en 1889 après un remblaiement du terrain. Un mur d'enceinte et des magnifiques platanes et cèdres complètent le paysage de l'île. La somptueuse villa de style florentin fut construite sur l'île de Salagnon en 1901 par le portraitiste parisien, Théobald Chartran. Le peintre, et ses descendants par la suite, y ont accueilli d'illustres personnages de l'industrie, de la politique et du monde cinématographique, qui savouraient la végétation subtropicale et l'isolement de l'endroit. L'île appartient à l'heure actuelle à une famille zurichoise qui l'utilise comme résidence d'été.

Un tempo Salagnon non era che un masso roccioso, trasformatosi in isola solo nel 1889 grazie a un riporto di terra. L'isola fu dotata di una cinta muraria e di un magnifico patrimonio arboreo comprendente platani e cedri. La sontuosa villa in stile fiorentino che sorge su Salagnon fu fatta costruire nel 1901 dal ritrattista parigino Théobald Chartran. Questi, al pari dei suoi eredi, la utilizzò per ospitare personaggi di spicco dell'industria, della politica e del cinema, che apprezzavano la vegetazione subtropicale e la solitudine dell'isola. Oggi Salagnon è la dimora estiva privata di una famiglia di Zurigo.

# KLEINSTE SCHWEIZER INSEL

46°26'19.39"N · 6°19'4.74"E

KANTON WAADT, GENFER SEE
HÖHE ÜBER NN: 373 M

CANTON OF VAUD, LAKE GENEVA
HEIGHT ABOVE SEA LEVEL: 1,224 FT

CANTON DE VAUD, LAC LÉMAN
ALTITUDE : 373 M

CANTON VAUD, LAGO DI GINEVRA
ALTEZZA S.L.M.: 373 M

Wasser und Zeit sollen nicht an diesem hübschen Inselchen nagen; liebevoll wurde es darum von seinem Eigentümer, einem Schweizer Industriellen und Automobilsammler, mit einer Mauer versehen. Auf seinem hinter dem Eiland liegenden Anwesen ließ er 17 Meter unter der Erde ein 1400 Quadratmeter großes Untergrundmuseum für seine berühmte Ferrari-Oldtimer-Sammlung errichten.

To prevent water and time from gnawing away at this small pretty island, its owner—a Swiss industrialist and automobile collector—built a wall around it. On his property located behind the island, he had an underground museum built for his famous collection of vintage Ferraris. Measuring over 15,000 square feet, the museum is located 55 feet below ground.

Le propriétaire, un industriel suisse et collectionneur de voitures, fit construire un mur d'enceinte afin de protéger cet îlot minuscule de l'érosion. Sa propriété située à l'arrière de l'îlot abrite un musée souterrain de 1400 mètres carrés que le seigneur des lieux fit aménager 17 mètres sous terre pour accueillir sa collection de Ferrari anciennes.

Per proteggere questo minuscolo isolotto dall'azione erosiva dell'acqua e del tempo, l'affezionato proprietario, un industriale e collezionista d'auto svizzero, vi fece erigere tutt'intorno una cinta muraria. Nella sua tenuta, alle spalle dell'isola, il collezionista ha fatto inoltre costruire un museo sotterraneo di 1400 metri quadrati per ospitare la sua famosa collezione di Ferrari d'epoca: il museo si trova 17 metri sotto il suolo.

# ISOLE DI BRISSAGO

46°7'54.51"N · 8°44'5.59"E

KANTON TESSIN, LAGO MAGGIORE
HÖHE ÜBER NN: 193 M

CANTON OF TICINO, LAKE MAGGIORE
HEIGHT ABOVE SEA LEVEL: 633 FT

CANTON DU TESSIN, LAC MAJEUR
ALTITUDE : 193 M

CANTON TICINO, LAGO MAGGIORE
ALTEZZA S.L.M.: 193 M

Seit dem Altertum genießt der Mensch die Lieblichkeit der Brissago-Inseln –
schon die alten Römer siedelten auf ihnen. Im Mittelalter beherbergten
die Inseln zwei Kirchen. Um die Jahrhundertwende zum 20. Jahrhundert
ließ die deutsch-russische Baronin Antoinette de Saint-Léger einen
wunderbaren Garten auf der größeren San Pancrazio anlegen. Im Jahre
1949 erwarb der Kanton Tessin die Brissago-Inseln und verwandelte die
prächtigen Grünanlagen in einen öffentlichen Botanischen Garten. Auf
der kleineren Isola di Sant'Apollinare wächst alles, wie Gott es plante.

People have been enjoying the charm of the Brissago Islands for many
centuries—even the ancient Romans inhabited them. In the Middle Ages,
the islands were home to two churches. At the start of the 20th century,
German-Russian Baroness Antoinette de Saint-Léger had a wonderful
garden created on the larger island of San Pancrazio. In 1949, the canton
of Ticino acquired the Brissago Islands and transformed the magnificent
parks into a public botanical garden. The vegetation on the smaller Isola
di Sant'Apollinare remains untouched.

L'homme apprécie la douceur des îles de Brissago depuis l'Antiquité,
c'est-à-dire depuis que les Romains s'y installèrent. Au Moyen Âge, l'île
comptait deux églises. Au tournant du XXe siècle, la baronne germano-
russe Antoinette de Saint-Léger fit aménager un merveilleux jardin sur
la grande île de San Pancrazio. En 1949, lorsque le canton du Tessin fit
l'acquisition des îles de Brissago, ces somptueux espaces verts furent
transformés en un jardin botanique public, tandis que la petite île de
Sant'Apollinare est restée sauvage.

L'uomo ha saputo apprezzare l'incanto delle Isole di Brissago sin
dall'antichità: su queste terre si erano stabiliti già gli antichi Romani. Nel
Medioevo le isole ospitavano due chiese, mentre all'inizio del XX secolo
la baronessa russo-tedesca Antoinette de Saint-Léger fece realizzare
un magnifico giardino su San Pancrazio, l'isola più grande. Nel 1949 il
Canton Ticino acquistò le Isole di Brissago e trasformò i meravigliosi
giardini in un parco botanico aperto al pubblico. Invece su Sant'Apollinare,
l'isola più piccola, cresce ancora tutto come Dio lo creò.

# ISOLA MADRE

45°54'40.48"N · 8°32'18.20"E

LOMBARDEI, LAGO MAGGIORE
HÖHE ÜBER NN: 193 M

LOMBARDY, LAKE MAGGIORE
HEIGHT ABOVE SEA LEVEL: 633 FT

LOMBARDIE, LAC MAJEUR
ALTITUDE : 193 M

LOMBARDIA, LAGO MAGGIORE
ALTEZZA S.L.M.: 193 M

Die Borromäischen Inseln tragen ihren Namen nach ihrem Eigentümer
seit dem 12. Jahrhundert: dem italienischen Adelsgeschlecht Borromeo.
Die Isola Madre, die Mutterinsel, ist die größte unter ihnen. Um 1823
legten Giacomo und Francesco Rovelli aus Monza einen prächtigen
Englischen Garten auf ihr an, der bis heute als Meisterwerk des
Gartenbaus besichtigt werden kann, ebenso wie der elegante Palazzo
Madre, dessen Bauzeit sich vom 16. bis ins 18. Jahrhundert erstreckte.

Since the 12th century, the Borromean Islands have carried the name of
their owners, the aristocratic Borromeo family from Italy. Isola Madre,
or the mother island, is the largest in the group. In 1823, Giacomo and
Francesco Rovelli from Monza created an outstanding English garden
which is still considered a horticultural masterpiece today. Visitors
can enjoy both the garden as well as the elegant Palazzo Madre, whose
construction extended from the 16th into the 18th century.

Les îles Borromées tirent leur nom de leurs propriétaires, les Borromeo,
une très ancienne famille de la noblesse italienne, qui y est installée
depuis le XIIe siècle. L'Isola Madre, l'île de la Mère, est la plus grande
d'entre elles. Vers 1823, Giacomo et Francesco Rovelli de Monza y
conçurent de beaux jardins à l'anglaise, un véritable chef d'œuvre
ouvert aujourd'hui au public, ainsi que l'élégant Palazzo Madre, dont la
construction s'est déroulée entre le XVIe et le XVIIIe siècle.

Le Isole Borromeo portano il nome della nota famiglia nobile italiana
sin dal XII secolo. La più grande dell'arcipelago è l'Isola Madre: attorno
al 1823, Giacomo e Francesco Rovelli di Monza vi crearono un magnifico
giardino all'inglese, che ancor oggi attira numerosi visitatori in quanto
autentico capolavoro del giardinaggio. Sull'isola si può altresì ammirare
l'elegante Palazzo Madre, costruito tra il XVI e il XVIII secolo.

# ISOLINO DI SAN GIOVANNI

45°55'1.12"N · 8°33'18.48"E

LOMBARDEI, LAGO MAGGIORE
HÖHE ÜBER NN: 193 M

LOMBARDY, LAKE MAGGIORE
HEIGHT ABOVE SEA LEVEL: 633 FT

LOMBARDIE, LAC MAJEUR
ALTITUDE : 193 M

LOMBARDIA, LAGO MAGGIORE
ALTEZZA S.L.M.: 193 M

Das kleine, kreisrunde Eiland Isolino di San Giovanni war einst der Sommersitz des italienischen Dirigenten Arturo Toscanini. Mit einem Durchmesser von nur 140 Metern ist das traumhafte Inselchen ein privates Refugium, das für Besucher nicht zugänglich ist. Ursprünglich wollte die Adelsfamilie Borromeo hier ein Internat errichten. Als sie die Insel im Jahr 1632 schließlich erwarb, ließ sie einen Palazzo erbauen, der bis heute auf San Giovanni thront.

The small circular island of San Giovanni was once the summer residence of Italian conductor Arturo Toscanini. With a diameter of just 460 feet, this scenic little island is a private refuge that is not open to visitors. The aristocratic Borromeo family originally wanted to build a boarding school here. When they finally acquired the island in 1632, they had a palazzo built which still crowns San Giovanni today.

Le petit îlot circulaire de San Giovanni était autrefois la résidence d'été du chef d'orchestre italien Arturo Toscanini. Ce joli bout de terre d'à peine 140 mètres de diamètre est un refuge privé dont l'accès est interdit au public. À l'origine, la famille Borromeo voulait y ériger un internat. Toutefois, lorsqu'elle fit l'acquisition de l'île en 1632, elle fit construire un palais qui domine encore San Giovanni aujourd'hui.

L'Isolino di San Giovanni fu un tempo residenza estiva del direttore d'orchestra Arturo Toscanini. Con il suo diametro di soli 140 metri, la graziosa isoletta di forma circolare è un autentico rifugio privato, non accessibile ai visitatori. Originariamente la nobile famiglia dei Borromeo intendeva costruirvi un collegio, ma alla fine, quando nel 1632 la casata acquistò l'isola, vi fece costruire un palazzo, che ancor oggi troneggia su San Giovanni.

# CASTELLI DI CANNERO

46°1'25.47"N · 8°42'19.76"E

PIEMONT, LAGO MAGGIORE
HÖHE ÜBER NN: 193 M

PIEDMONT, LAKE MAGGIORE
HEIGHT ABOVE SEA LEVEL: 633 FT

PIÉMONT, LAC MAJEUR
ALTITUDE : 193 M

PIEMONTE, LAGO MAGGIORE
ALTEZZA S.L.M.: 193 M

Wer von einem Boot die Ruinen Castelli di Cannero bewundert, sieht im Geiste den ehemaligen Burgherren Ludovico Borromeo von den Zinnen spähen und Anweisungen für die Verteidigung gegen die Schweizer Eidgenossen ausrufen – die kamen dem Herzogtum Mailand immer näher, nachdem sie den Kanton Tessin übernommen hatten. Die Castelli di Cannero sind die Ruinen der zwischen 1519 und 1521 von Borromeo errichteten Burg Rocca Vitaliana. Es wirkt, als sei sie direkt auf dem Wasser erbaut worden, da jedes Stückchen der Felsinsel für den Bau genutzt wurde.

If you admire the ruins of Castelli di Cannero from a boat, you might imagine the former lord of the castle, Ludovico Borromeo, peering down from the battlements and calling out commands to mount a defense against the Swiss confederation—which kept getting ever closer to the Duchy of Milan after taking over the canton of Ticino. Castelli di Cannero are the ruins of the castle Rocca Vitaliana constructed by Borromeo between 1519 and 1521. It feels as if it was built directly on the water because every last part of the island's rock was used for the construction.

En admirant d'un bateau les ruines de Castelli di Cannero, on s'imagine le seigneur des lieux, Ludovico Borromeo, guettant au sommet des créneaux et proclamant des ordres pour la défense de son château fort contre les citoyens suisses, qui s'approchaient de plus en plus du duché de Milan après s'être emparés du canton du Tessin. Les ruines de Castelli di Cannero sont les vestiges du château fort Rocca Vitaliana construit entre 1519 et 1521 par Borromeo. Les ruines semblent être sorties tout droit des profondeurs du lac, car chaque parcelle du rocher fut utilisée pour la construction.

Chi ammira le rovine dei Castelli di Cannero da una barca, nella mente crede di intravedere tra le merlature l'ex castellano Ludovico Borromeo mentre impartisce ordini per la difesa contro i cittadini svizzeri, che dopo aver preso possesso del Canton Ticino si stavano avvicinando sempre di più al Ducato di Milano. I Castelli di Cannero sono i resti della Rocca Vitaliana, eretta tra il 1519 e il 1521 dai Borromeo. La fortezza pare essere stata costruita direttamente sull'acqua, poiché la sua struttura poggia su ogni più piccolo pezzetto dell'isola di roccia.

# ISOLA COMACINA

45°57'52.70"N · 9°10'33.50"E

LOMBARDEI, COMER SEE
HÖHE ÜBER NN: 208 M

LOMBARDY, LAKE COMO
HEIGHT ABOVE SEA LEVEL: 682 FT

LOMBARDIE, LAC DE CÔME
ALTITUDE : 208 M

LOMBARDIA, LAGO DI COMO
ALTEZZA S.L.M.: 208 M

Die kleine Kirche San Giovanni zeugt noch heute von der großen Rolle, welche die Isola Comacina im Laufe der Jahrhunderte für das Christentum spielte. Ihr ursprünglicher Name lautete „Cristopolis", Stadt des Christus. Alljährlich im Juni mahnt ein Feuerwerk an die Verwüstung von Comacina im Jahre 1169 durch das Heer der Stadt Como: Wohnhäuser, Festungen und acht der einst neun Kirchen wurden aus Rache für die Allianz der Insel mit den Mailändern bis auf die Grundmauern zerstört. Über Jahrhunderte blieb die Insel unbewohnt. Heute ist sie ein beliebter Künstlertreff und zieht internationale Stars an. Im Inselrestaurant speisten schon Kirk Douglas, George Clooney, Madonna und Elton John.

The small church of San Giovanni still bears witness to the large role played by Comacina Island for Christianity over the centuries. Its original name was "Cristopolis," which means "city of Christ." Every year in June, a fireworks show is held as a reminder of Comacina's destruction in 1169 by the army of the city of Como: The army laid waste to homes, strongholds, and to eight out of nine churches in revenge for the alliance that the island had formed with Milan. Afterwards, the island remained uninhabited for centuries. Today it is a popular meeting place for artists and it attracts international stars. Kirk Douglas, George Clooney, Madonna, and Elton John have all dined at the island's restaurant.

La petite église de Saint-Jean témoigne encore aujourd'hui du rôle prédominant que jouait l'île Comacina au cours des siècles pour la chrétienté. Son nom originel « Cristopolis » signifie la ville du Christ. Au mois de juin, un feu d'artifice est organisé annuellement en mémoire des ravages à Comacina, provoqués en 1169 par l'armée de la ville de Côme : les habitations, les fortifications et huit des neuf églises de l'époque furent détruites en réponse à l'alliance de l'île avec les Milanais. L'île resta inhabitée pendant plusieurs siècles. Le site constitue aujourd'hui un lieu de rencontre favorisé des artistes et attire de nombreuses célébrités. Le restaurant de l'île compte parmi sa clientèle de marque Kirk Douglas, George Clooney, Madonna et Elton John.

La piccola chiesa di San Giovanni testimonia ancora oggi la grande importanza che l'Isola Comacina ha rivestito nel corso dei secoli per il Cristianesimo. Il suo nome originario era "Cristopolis", Città di Cristo. Ogni anno, in giugno, uno spettacolo di fuochi d'artificio commemora la devastazione di Comacina avvenuta nel 1169 per mano dell'esercito della città di Como, il quale, per vendicarsi dell'alleanza stretta dall'isola con i milanesi, rase al suolo abitazioni, fortezze e otto delle allora nove chiese esistenti. Per secoli l'isola rimase disabitata; oggi è un luogo di ritrovo molto amato dagli artisti e richiama personaggi di fama internazionale. Nel ristorante dell'isola hanno mangiato Kirk Douglas, George Clooney, Madonna ed Elton John.

# ISOLA DEI CIPRESSI

45°48'33.14"N · 9°16'9.61"E

LOMBARDEI, LAGO DI PUSIANO
HÖHE ÜBER NN: 257 M

LOMBARDY, LAKE OF PUSIANO
HEIGHT ABOVE SEA LEVEL: 843 FT

LOMBARDIE, LAC DE PUSIANO
ALTITUDE : 257 M

LOMBARDIA, LAGO DI PUSIANO
ALTEZZA S.L.M.: 257 M

Von weither lassen die edlen Zypressen dieses idyllische Eiland im Lago di Pusiano erkennen, auf dem einst der Vizekönig Italiens einen Wohnsitz hatte: Eugène de Beauharnais, ein Stiefsohn von Napoléon Bonaparte. Heute wird die Insel von einer Mailänder Familie bewohnt, die sie mit großer Liebe pflegt. Schwäne, Pfauen und Wallabys laufen frei umher und machen die Insel noch romantischer.

Topped by elegant cypresses visible from a distance, this idyllic island in Lake of Pusiano has a residence that was once owned by the Viceroy of Italy, Eugène de Beauharnais, a stepson of Napoléon Bonaparte. A family from Milan now lives on the island and maintains it lovingly. Swans, peacocks, and wallabies roam the island freely, lending it an even more romantic atmosphere.

La noble silhouette des cyprès permet d'identifier de loin cette île idyllique au milieu du lac de Pusiano, où autrefois le vice-roi d'Italie, Eugène de Beauharnais, beau-fils de Napoléon Bonaparte, disposait d'une résidence. Aujourd'hui, l'île est habitée par une famille milanaise qui en prend le plus grand soin. Les cygnes, les paons et les wallabys qui y vivent en liberté viennent souligner le caractère romantique de l'île.

Il panorama nobile offerto dai cipressi s'intravede già da lontano: su quest'idillica isola del Lago di Pusiano una volta risiedeva il viceré d'Italia Eugène de Beauharnais, un figliastro di Napoleone Bonaparte; oggi vi vive una famiglia di Milano che se ne prende cura con molto amore. Cigni, pavoni e wallaby vagano liberi sull'isola rendendola ancora più romantica.

# ISOLA DI LORETO

45°43'36.94"N · 10°5'6.36"E

LOMBARDEI, ISEOSEE
HÖHE ÜBER NN: 182 M

LOMBARDY, LAKE ISEO
HEIGHT ABOVE SEA LEVEL: 597 FT

LOMBARDIE, LAC D'ISEO
ALTITUDE : 182 M

LOMBARDIA, LAGO D'ISEO
ALTEZZA S.L.M.: 182 M

Die verwunschene neugotische Burg auf dem Inselchen Loreto ließ der Italiener Vincenzo Richieri, ein Kapitän der Königlichen Italienischen Marine, 1910 erbauen. Er vollendete sein kleines Paradies mit einem Jachthafen und einem Garten mit imposanten Nadelbäumen. Lange vor ihm, im 15. Jahrhundert, befand sich auf der Insel ein Kloster der Klarissinnen, die ein Leben in völliger Armut wählten.

In 1910, the enchanted neo-Gothic castle on the tiny island of Loreto was built by Vincenzo Richieri, a captain in the Royal Italian Navy. He finished off his small paradise with a marina and a garden featuring impressive conifers. Long before Richieri's time, in the 15th century, the island was home to a convent of the Clarisse nuns who gave themselves over to a life of absolute poverty.

À la fois château enchanté et fort néogothique, l'édifice construit sur l'îlot de Loreto en 1910 fut commandé par Vincenzo Richieri, un capitaine de la marine royale italienne. Pour parfaire son coin de paradis, il fit ajouter un port de plaisance et aménager un jardin comptant notamment d'impressionnants conifères. Longtemps avant son arrivée, au XVe siècle, une communauté de l'ordre des clarisses y avait érigé un couvent où les sœurs menaient une vie des plus austères.

Il castello incantato in stile neogotico che sorge sulla piccola Isola di Loreto fu costruito nel 1910 per volere dell'italiano Vincenzo Richieri, un capitano della Regia Marina. Il capitano completò il suo piccolo paradiso con un porto per yacht e un giardino con svettanti conifere. Molti anni prima, nel XV secolo, l'isola ospitava un convento di monache clarisse, che avevano scelto una vita di assoluta povertà.

# ISOLA DI SAN PAOLO

45°41'36.03"N · 10°4'16.41"E

LOMBARDEI, ISEOSEE
HÖHE ÜBER NN: 182 M

LOMBARDY, LAKE ISEO
HEIGHT ABOVE SEA LEVEL: 597 FT

LOMBARDIE, LAC D'ISEO
ALTITUDE : 182 M

LOMBARDIA, LAGO D'ISEO
ALTEZZA S.L.M.: 182 M

Um 800 n. Chr. gab es eine Straße, die das Eiland bei Niedrigwasser mit dem Örtchen Sensole auf der großen Nachbarinsel Monte Isola verband. Noch heute finden sich auf dem Grund des Iseosees Überreste dieses Weges. Ein herrlicher Baumbestand spendet dem Inselpalais, einem ehemaligen Konvent, Schatten. Eigentümer der Isola di San Paolo ist eine italienische Industriellenfamilie. Viele Fischer ankern um San Paolo herum, denn in den Gewässern tummeln sich Hechte, Barsche und Schleien.

Around 800 A.D., a road connected the island to the little town of Sensole on the large neighboring island of Monte Isola – when the water was low. To this day remnants of that road can be found on the bottom of Lake Iseo. Beautiful trees shade the island's palazzo, a former convent. An Italian industrial family owns the Isola di San Paolo. Many fishermen anchor their boats around San Paolo because its waters teem with pike, perch, and tench.

Vers l'an 800 de notre ère, il existait une route qui, lors de basses eaux, reliait l'île de San Paolo au village de Sensole sur la grande île voisine de Monte Isola. Aujourd'hui encore, il est possible d'en voir les vestiges au fond du lac. Sur l'île qui appartient désormais à une famille d'industriels italiens, de majestueux arbres ombragent un ancien couvent devenu palais. De nombreux pêcheurs viennent mouiller autour de la petite île dont les eaux foisonnent de brochets, de perches et de tanches.

Intorno all'800 d.C. esisteva una strada che, quando l'acqua era bassa, collegava l'isola con il paesino Sensole, sulla più grande Monte Isola, situata nelle vicinanze: alcuni resti della strada sussistono tutt'oggi nel fondo del Lago d'Iseo. Un fantastico patrimonio arboreo offre ombra a questo paradiso isolano, che in passato fu un convento. L'Isola di San Paolo è proprietà di una famiglia industriale italiana. Nelle acque che circondano San Paolo gettano la loro ancora molti pescatori, poiché vi guizzano lucci, pesci persici e tinche.

# MÜHLWÖRTH

47°42'14.98"N · 11°9'53.27"E

BAYERN, STAFFELSEE
HÖHE ÜBER NN: 651 M

BAVARIA, LAKE STAFFELSEE
HEIGHT ABOVE SEA LEVEL: 2,136 FT

BAVIÈRE, LAC STAFFELSEE
ALTITUDE : 651 M

BAVIERA, LAGO DI STAFFELSEE
ALTEZZA S.L.M.: 651 M

Auf dem romantischen Inselchen Mühlwörth gibt es inmitten des herrlichen Baumbestandes ein Wochenendhaus und ein Bootshaus: ein malerischer kleiner Sommersitz mit garantierter Abgeschiedenheit, denn für die Öffentlichkeit ist die Insel nicht zugänglich. Stattdessen ist Mühlwörth mit seinen vielen Bäumen ein Eldorado für Vögel – daher auch der inoffizielle Name „Rabeninsel".

The small romantic island of Mühlwörth has a weekend cottage and a boat house tucked away among the beautiful old trees: a pretty summer residence with guaranteed seclusion – the island is not open to the public. With all its trees, however, Mühlwörth is a paradise for birds, which is why it is unofficially called "raven island."

Petite et romantique, l'île de Mühlwörth abrite, au milieu de ses nombreux arbres, une résidence secondaire et un hangar à bateau. Cette résidence d'été charmante garantit la plus grande tranquillité, son accès étant interdit au public. Par ailleurs, les nombreux arbres de Mühlwörth constituent un véritable paradis pour les oiseaux – d'où le nom officieux d'« île aux Corbeaux ».

La romantica isoletta di Mühlwörth vanta uno splendido patrimonio arboreo che fa da cornice a una casa per il weekend e a un capannone per le barche: una piccola e graziosa residenza estiva con privacy assicurata, giacché l'isola non è aperta al pubblico. Grazie alla presenza di numerosi alberi, Mühlwörth è invece un paradiso per gli uccelli – da qui il nome non ufficiale di "Isola dei corvi".

# MAINAU

47°42'17.27"N · 9°11'43.68"E

BADEN-WÜRTTEMBERG, BODENSEE
HÖHE ÜBER NN: 397 M

BADEN-WÜRTTEMBERG, LAKE CONSTANCE
HEIGHT ABOVE SEA LEVEL: 1,302 FT

BADE-WURTEMBERG, LAC DE CONSTANCE
ALTITUDE : 397 M

BADEN-WÜRTTEMBERG, LAGO DI COSTANZA
ALTEZZA S.L.M.: 397 M

Duftende Blüten in allen denkbaren Formen und Farben betören die Sinne in den berühmten Gartenanlagen der Blumeninsel Mainau. Über eine Million Besucher bewundern jede Saison die künstlerischen Kreationen aus tausenden europäischen und exotischen Pflanzen wie Palmen, Hibiskus und Orchideen sowie das größte Schmetterlingshaus Deutschlands. Das prächtige Schloss von 1746 wird von der schwedischstämmigen Adelsfamilie Bernadotte bewohnt, welche die drittgrößte Insel des Bodensees auch verwaltet.

Fragrant blossoms in every conceivable shape and color beguile the senses in the famous gardens on the Flower Island of Mainau. Every season, over a million visitors admire the artistic creations from thousands of European and exotic plants such as palms, hibiscus, and orchids as well as the largest butterfly house in Germany. Dating from 1746, the magnificent castle is home to the Bernadottes, an aristocratic family from Sweden who also manages this third-largest island in Lake Constance.

Dans les jardins de l'île aux fleurs de Mainau, les fleurs envoûtent les visiteurs de leurs parfums enivrants, mais aussi de la variété de leurs formes et de leurs couleurs. Chaque saison, plus d'un million de visiteurs viennent admirer non seulement les créations artistiques composées de plantes européennes et exotiques, telles que les palmiers, les hibiscus et les orchidées, mais aussi la plus grande serre à papillons d'Allemagne. Le magnifique château datant de 1746 est habité par les Bernadotte, famille noble d'origine suédoise, qui gèrent également la troisième plus grande île du lac de Constance.

Nei famosi giardini dell'Isola dei fiori di Mainau si viene sedotti da fiori profumati di ogni forma e colore. Ogni anno, quando è stagione, oltre un milione di visitatori ammirano le composizioni artistiche formate da migliaia di piante europee ed esotiche, come palme, fiori di ibisco e orchidee. Non rimane di certo inosservata anche la più grande casa delle farfalle della Germania. Il magnifico castello, risalente al 1746, è residenza dei Bernadotte, la nobile famiglia di origine svedese che amministra la terza isola più grande del Lago di Costanza.

# SCHLOSS LITZLBERG

47°55'58.81"N · 13°33'29.94"E

OBERÖSTERREICH, ATTERSEE
HÖHE ÜBER NN: 470 M

UPPER AUSTRIA, LAKE ATTERSEE
HEIGHT ABOVE SEA LEVEL: 1,542 FT

HAUTE-AUTRICHE, LAC D'ATTERSEE
ALTITUDE : 470 M

ALTA AUSTRIA, LAGO DI ATTERSEE
ALTEZZA S.L.M.: 470 M

Ach, wie liebte der Wiener Maler Gustav Klimt seine Sommer auf dem pittoresken Schloss Litzlberg! Seine berühmten Atterseebilder drücken diese Liebe aus. Baron von Springer, ein Wiener Bankier, ließ das Schloss im Stile des Historismus im Jahre 1896 als seinen Landsitz erbauen. Mit dem romantischen Anwesen wollte er die Gunst der Primadonna Marie Renard gewinnen – die sich letztendlich aber für einen Fürsten entschied. Um 1600 war Litzlberg, was eigentlich „kleine Burg" bedeutet, ein stattliches Schloss mit großem Burgfried und Scharwachttürmen und nahm fast die ganze Inselfläche ein.

How Viennese painter Gustav Klimt loved the summers he spent at the picturesque Litzlberg château! His famous Attersee paintings express this love. Baron von Springer, a Viennese banker, had the historicism-style castle built in 1896 as his country residence. With this romantic estate, he hoped to win the favor of prima donna Marie Renard—who ultimately gave her heart to a prince. Around 1600, Litzlberg—which actually means "little castle"—was an impressive castle with a large keep and bartizans and occupied nearly the entire island.

Ah ! Combien le peintre viennois Gustav Klimt aimait passer ses étés au château Litzlberg ! Ses célèbres peintures de l'Attersee reflètent parfaitement son affection pour ce lieu. Le baron de Springer, un banquier viennois, fit construire le château dans un style historiciste en 1896 pour en faire sa résidence de campagne. Il espérait que cette propriété romantique lui permettrait de gagner les faveurs de la prima donna Marie Renard, mais cette dernière se décida finalement pour un prince. Vers l'an 1600, Litzlberg, ce qui signifie « petit fort », était un petit château doté d'un haut donjon et d'échauguettes, qui occupait presque l'entièreté de la surface de l'île.

Oh, quanto erano care al viennese Gustav Klimt le estati trascorse nel pittoresco castello Litzlberg! Lo dimostrano i suoi famosi dipinti del Lago di Attersee. Il castello fu commissionato nel 1896 dal barone von Springer, un banchiere di Vienna, che lo fece erigere come residenza di campagna in stile revivalista. Con questa romantica dimora sperava di conquistare il favore del soprano Marie Renard – che però alla fine scelse un principe. Verso il 1600 Litzlberg, che significa "piccolo castello", era un maestoso palazzo con un grande torrione e garitte di vedetta, tanto grande da occupare quasi l'intera isola.

# SCHLOSS ORT

47°54'41.11"N · 13°47'31.86"E

OBERÖSTERREICH, TRAUNSEE
HÖHE ÜBER NN: 430 M

UPPER AUSTRIA, LAKE TRAUNSEE
HEIGHT ABOVE SEA LEVEL: 1,410 FT

HAUTE-AUTRICHE, LAC DE TRAUNSEE
ALTITUDE : 430 M

ALTA AUSTRIA, LAGO DI TRAUNSEE
ALTEZZA S.L.M.: 430 M

Das herrschaftliche Seeschloss Ort diente als Kulisse für die deutsch-
österreichische Fernsehserie „Schlosshotel Orth". Es zählt zu den
ältesten Gebäuden im Salzkammergut und wurde schon im Jahre 909
erstmals urkundlich erwähnt. Die damaligen Herrscher waren die Herren
von Ort, Beamte aus der Steiermark. Heute gehört das Schloss der
Gemeinde Gmunden und bietet mit dem Traunstein im Hintergrund eine
außergewöhnliche Bühne für Konzerte und Hochzeiten.

The grand castle of Schloss Ort served as the backdrop for the German-
Austrian television series "Schlosshotel Orth." It is one of the oldest
buildings in the unique natural landscape of the Salzkammergut region
and was first documented in the year 909. The rulers at the time were
the gentlemen of Ort, who were officials from Styria. Today, the castle
belongs to the city of Gmunden and, with a view of the Traunstein, offers
an extraordinary setting for concerts and weddings.

Le majestueux site de Schloss Ort, qui a servi de décor à la série
télévisée austro-allemande « Schlosshotel Orth », compte parmi les plus
anciens bâtiments du Salzkammergut. En effet, il était déjà mentionné
sur un acte de 909. Les maîtres des lieux étaient à l'époque les seigneurs
d'Ort venus de Styrie, qui étaient chargés de l'administration. Aujourd'hui,
le château appartient à la commune de Gmunden et constitue un cadre
extraordinaire pour l'organisation de concerts et de mariages avec le
Traunstein en toile de fond.

Il castello signorile di Ort, affacciato sul lago, servì da scenografia per la
serie tedesco-austriaca "Schlosshotel Orth". Si tratta di uno degli edifici
più antichi del Salzkammergut e compare menzionato per la prima volta
nel 909. Allora a regnare erano i signori di Ort, funzionari della Stiria.
Oggi il castello appartiene al comune di Gmunden e, con il Traunstein
che si erge sullo sfondo, offre un ambiente straordinario per concerti e
matrimoni.

# INSEL IM FAAKER SEE

46°34'30.97"N · 13°55'23.12"E

KÄRNTEN, FAAKER SEE
HÖHE ÜBER NN: 560 M

CARINTHIA, LAKE FAAK
HEIGHT ABOVE SEA LEVEL: 1,837 FT

CARINTHIE, LAC DE FAAK
ALTITUDE : 560 M

CARINZIA, LAGO DI FAAK
ALTEZZA S.L.M.: 560 M

Im kristallklaren Faaker See findet sich Österreichs einziges Inselhotel. Die Gäste genießen einen Vier-Sterne-Service, Spaziergänge durch den Inselwald, Entspannung am Badestrand, Massagen und Spa-Behandlungen – und das nicht nur auf einer Privatinsel, sondern sogar in einem Privatsee.

Austria's only island hotel is located on crystal-clear Lake Faak. Guests can enjoy four-star service, strolling through the island's woods, relaxing on the beach, massages, and spa treatments—all of this not only on a private island, but in a private lake as well.

Au milieu des eaux cristallines du lac de Faak se trouve l'unique île d'Autriche entièrement occupée par un hôtel. Les clients profitent d'un service quatre étoiles, de promenades dans le parc de l'île, de moment de détente sur la plage, de massages et de soins au spa, tout cela dans un espace privé qui s'étend non seulement sur l'ensemble de l'île, mais aussi sur le lac.

Nel cristallino Lago di Faak si trova l'unico hotel austriaco situato su un'isola. I clienti possono godere di un servizio a quattro stelle, passeggiate in mezzo al bosco, relax sulla spiaggia, massaggi e trattamenti di bellezza – tutto ciò non solo su un'isola privata, ma addirittura su un lago privato.

# BLUMEN- UND KAPUZINERINSEL IM WÖRTHERSEE

46°37'42.45"N · 14° 8'15.17"E
46°37'25.48"N · 14° 8'40.59"E

KÄRNTEN, WÖRTHERSEE
HÖHE ÜBER NN: 439 M

CARINTHIA, LAKE WOERTH
HEIGHT ABOVE SEA LEVEL: 1,440 FT

CARINTHIE, LAC DE WOERTH
ALTITUDE : 439 M

CARINZIA, LAGO DI WOERTH
ALTEZZA S.L.M.: 439 M

# INSELN, DIE SCHWEIZERN WELTWEIT GEHÖREN

Obwohl die Schweiz eines der schönsten Länder der Erde ist und ungezählte topografische Herrlichkeiten aufweist, zieht es doch manche Eidgenossen in die Welt hinaus – es ist nicht das Schönere, das sie suchen, sondern vielmehr das Andere. Denn bei aller Vielfalt gibt es klassische Sehnsuchtsmomente, mit denen selbst die Schweiz nicht aufwarten kann: Weite Ozeane mit kilometerlangen Sandstränden, Korallenriffe in türkisfarbenem Salzwasser oder bunte Tauchgründe verlocken auch die Menschen aus den Bergen. Darum haben einige Schweizer an ganz unterschiedlichen Flecken der Erde wunderbare Inseln erworben. Wir möchten Ihnen zum Träumen einige der Eilande vorstellen, die Schweizer im Ausland ihr Eigen nennen. Sie stehen für deren hohe Ansprüche an das eigene Stück Land im Meer. Dabei hat es die Suchenden aus den Alpen in alle Richtungen in die Welt gezogen: Man findet sie an der alpenähnlichen Westküste von Britisch-Kolumbien ebenso wie an der pittoresken und romantischen Ostküste Kanadas, in Frankreichs Bretagne wie in Französisch-Polynesien – und auch eine der schönsten und markantesten Inseln Schottlands, Sanda Island, ist im Besitz eines Schweizers. Sicherlich, das Traumland Schweiz bietet selbst schon so viele bezaubernde Eilande. Und seine in die Weltmeere schweifenden Einwohner setzen ihren Inseltraum in der Ferne noch fort.

# SWISS-OWNED ISLANDS AROUND THE WORLD

Although Switzerland is one of the most beautiful countries in the world and boasts countless topographical attractions, more than a few of its citizens set out to explore far-off lands. It is not that they seek something more beautiful than what they have at home, but something different. In spite of the country's diversity, there are things that Switzerland simply cannot match: vast oceans with miles of sandy beaches, coral reefs in turquoise waters, and vivid underwater worlds. This is the stuff of dreams that beckons mountain dwellers and the reason why Swiss citizens have purchased stunning islands in many different spots around the world. We would like to introduce you to some of these Swiss-owned islands outside of Switzerland. They are representative of the value the Swiss place on their own piece of land in the ocean. These Alpine natives have searched the world: You can find them on the west coast of British Columbia in terrain similar to the Alps, on the picturesque and romantic east coast of Canada, and in France's Brittany as well as in French Polynesia—even one of the most beautiful and striking islands in Scotland, Sanda Island, is owned by a Swiss citizen. Switzerland itself already has numerous enchanting islands. And its citizens who roam the oceans of the world are continuing their island dreams in far-flung corners of the earth.

# LES ÎLES SUISSES DE L'OUTRE-MER

Bien que la Suisse soit certainement l'un des plus beaux pays sur Terre et qu'elle compte une multitude de joyaux topographiques, certains citoyens helvétiques éprouvent le besoin irrésistible de dépasser ses frontières, à la recherche non pas de plus de beauté, mais d'une certaine différence. Même face à la plus grande diversité, l'envie d'ailleurs et la soif de découverte finissent toujours fatalement par se manifester. Parmi ces désirs que la Suisse ne peut satisfaire et qui font descendre les hommes de leurs montagnes figurent de vastes océans bordés de kilomètres de plages de sable fin, de longues barrières de corail dans des eaux turquoise ou encore ces plongées au milieu de poissons multicolores. C'est la raison pour laquelle des Helvètes ont fait l'acquisition d'îles merveilleuses en divers endroits du monde. Nous aimerions vous faire rêver et vous emmener à la découverte de quelques-uns de ces bouts de terre qui appartiennent à des Suisses et reflètent le niveau d'exigence de leurs propriétaires. La recherche d'un pied-à-terre entouré de mer a mené ces infatigables voyageurs aux quatre coins du monde. On les retrouve aujourd'hui au Canada le long d'un littoral pittoresque et romantique à l'est, mais aussi à l'ouest, en Colombie-Britannique, une côte qui n'est pas sans rappeler certains lacs alpins. Ils sont également en France du côté de la Bretagne, en Polynésie française, ou encore en Écosse sur l'une des plus belles îles du pays, l'impressionnante Sanda Island. Si la Suisse cherche des citoyens pour représenter au bout du monde le charme de ses îles qu'offre déjà en nombre son territoire, elle dispose déjà des meilleurs ambassadeurs.

# ISOLE DI PROPRIETÀ DEGLI SVIZZERI IN TUTTO IL MONDO

La Svizzera è annoverata tra i paesi più belli della terra e vanta una serie infinita di attrattive topografiche. Eppure, c'è un qualcosa che porta diversi elvetici a uscire nel mondo, alla ricerca non del più bello, ma del diverso. Infatti, in tutta varietà, vi sono momenti classici, intrisi di anelito, che la Svizzera stessa non è in grado di offrire: oceani immensi con spiagge sabbiose estese per chilometri, barriere coralline in turchesi acque saline o variopinti fondali marini adatti per praticare immersioni attirano anche gli uomini delle montagne. Per questo motivo, diversi svizzeri hanno acquistato isole meravigliose nei punti più disparati della terra. Vorremmo ora farvi sognare, presentandovi alcune isole di proprietà di cittadini svizzeri all'estero, isole che rispondono alle loro elevate esigenze di possedere un pezzo di terra sul mare. Questa ricerca li ha spinti dalle Alpi nel mondo, in tutte le direzioni: li si trova sulla costa occidentale (simile alle Alpi), della Columbia Britannica come pure sulla costa orientale, pittoresca e romantica, del Canada, nella Bretagna francese e nella Polinesia francese. Anche una delle più belle e impressionanti isole scozzesi, Sanda Island, è di proprietà di uno svizzero. È certo che la Svizzera, paese da sogno, offre già di per sé numerose isole mozzafiato. Eppure i suoi cittadini, vagando per i mari internazionali, inseguono il loro sogno anche in terre lontane.

MOTU TETARAIRE, RANGIROA ATOLL, FRENCH POLYNESIA
15°18'17.63"S · 147°23'52.41"W
9 ACRES | 3,64 HA

SANDA ISLAND, SCOTLAND, UNITED KINGDOM
55°16'52.70"N · 5°35'0.80"W
373 ACRES | 150,95 HA

**ROCKY ISLANDS, NOVA SCOTIA, CANADA**
44°53'27.03"N · 62°23'45.91"W
19.5 ACRES | 7,89 HA

**MOTU FARA, RANGIROA ATOLL, FRENCH POLYNESIA**
14°56'49.94"S · 147°42'42.77"W
3.9 ACRES | 1,58 HA

**BRETHOUR ISLAND, BRITISH COLUMBIA, CANADA**
48°40'41.36"N · 123°19'9.12"W
46 ACRES | 18,62 HA

**SISTER ISLANDS, SEYCHELLES**
4°17'21.36"S · 55°52'9.84"E
291 ACRES | 117,76 HA

**HATT ISLAND, NOVA SCOTIA, CANADA**
44°31'59.50"N · 64°21'39.95"W
3 ACRES | 1,21 HA

# PHOTO CREDITS AND IMPRINT

Farhad Vladi, CEO of Vladi Private Islands, has taken all of the aerial photographs.

Vladi would like to thank the helicopter companies Heli Gotthard AG, Heli Austria GmbH, Goldeck-Flug GmbH, and BHF Bodensee-Helicopter GmbH for their assistance and cooperation.

The majority of ground shots have been taken by David Burns of Nova Scotia, Canada. David Burns is a passionate photographer with a great eye for detail and a wealth of experience in photography. He has not spared any efforts or costs in visiting all islands personally to capture their beauty on film. Our sincere thanks also to the island owners, who have provided permission for David Burns to come onto their islands to take the photos.

Two other photographers have also taken a number ground shots: Kai Bommersheim, a passionate hobby photographer and experienced web developer, has taken photos of Mainau (pages 122–127). The photo of Mühlwörth was taken and provided by the photographer Guido Radig (pages 120–121).

One ground shot has been kindly provided by the Inselhotel on Lake Faak in Austria. We would like to thank the resort (page 136).

The satellite image (front paper) has been provided by albedo39 Satellitenbildwerkstatt, Cologne (www.albedo39.de).

SPECIAL THANKS:

A special thanks to Martina Matthiesen for compiling the text for this book, for her research work as well, as for her professional focus and input. Matthiesen is an experienced journalist with a flair for travel writing.

Last, but by no means least, we would like to thank Annika Drewinat, Kai Bommersheim, and Sabine Rollinger for overseeing the entire production and for assisting wherever was necessary.

© 2013 teNeues Verlag GmbH + Co. KG, Kempen

Foreword by Farhad Vladi
Text by Martina Matthiesen
Editorial Coordination by Nadine Weinhold, Regine Freyberg
Copy Editing by Dr. Simone Bischoff
Translations by WeSwitch Languages:
Heather B. Bock, Romina Russo Lais (English)
Samantha Michaux, Thomas Vitasse (French)
Romina Russo Lais, Federica Benetti (Italian)
Art Direction, Design + Prepress by Christin Steirat
Design Assistance + Photo Editing by Julia Preuss
Imaging by Andreas Doria, Hamburg
Production Coordination by Nele Jansen

Published by teNeues Publishing Group

teNeues Verlag GmbH + Co. KG
Am Selder 37, 47906 Kempen, Germany
Phone: +49-(0)2152-916-0
Fax: +49-(0)2152-916-111
e-mail: books@teneues.de

Press department: Andrea Rehn
Phone: +49-(0)2152-916-202
e-mail: arehn@teneues.de

teNeues Digital Media GmbH
Kohlfurter Straße 41–43, 10999 Berlin, Germany
Phone: +49-(0)30-7007765-0

teNeues Publishing Company
7 West 18th Street, New York, NY 10011, USA
Phone: +1-212-627-9090
Fax: +1-212-627-9511

teNeues Publishing UK Ltd.
12 Ferndene Road, London SE24 0AQ, UK
Phone: +44-(0)20-3542-8997

teNeues France S.A.R.L.
39, rue des Billets, 18250 Henrichemont, France
Phone: +33-(0)2-4826-9348
Fax: +33-(0)1-7072-3482

www.teneues.com

ISBN 978-3-8327-9699-0

Library of Congress Number: 2013930381

Printed in Italy

# OTHER PUBLICATIONS
# BY TENEUES AND VLADI PRIVATE ISLANDS

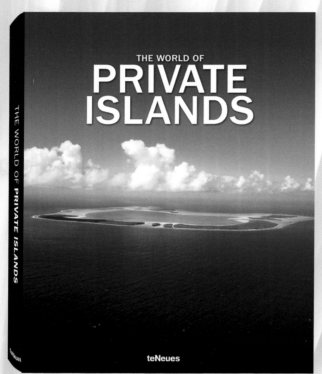

## THE WORLD OF PRIVATE ISLANDS
## BOOK AND APP

220 pp., Hardcover with jacket
c. 250 color photographs
Text in English and German

ISBN:     978-3-8327-9586-3

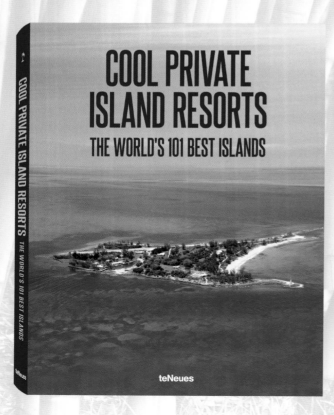

## COOL PRIVATE ISLAND RESORTS
## THE WORLD'S 101 BEST ISLANDS

220 pp., Hardcover with jacket
c. 250 color photographs
Text in English, German, French and Russian

ISBN:     978-3-8327-9700-3